U0140363

澳门口述历史丛书　文化公所　Hall de Cultura

# 推不走的回忆

## 澳门街头小贩口述历史

林发钦

主编

GUANGXI NORMAL UNIVERSITY PRESS
广西师范大学出版社
·桂林·

推不走的回忆
TUIBUZOU DE HUIYI

著作权合同登记号桂图登字：20-2016-215 号

**图书在版编目（CIP）数据**

推不走的回忆：澳门街头小贩口述历史 / 林发钦主编. —
桂林：广西师范大学出版社，2020.3
　（澳门口述历史丛书）
　ISBN 978-7-5598-2633-6

　Ⅰ. ①推… Ⅱ. ①林… Ⅲ. ①饮食－文化－澳门 Ⅳ.
①TS971.202.659

　中国版本图书馆 CIP 数据核字（2020）第 027488 号

广西师范大学出版社出版发行

（广西桂林市五里店路 9 号　邮政编码：541004 ）
　网址：http://www.bbtpress.com
出版人：黄轩庄
全国新华书店经销
广西广大印务有限责任公司印刷
（桂林市临桂区秧塘工业园西城大道北侧广西师范大学出版社
集团有限公司创意产业园内　邮政编码：541199）
开本：720 mm ×1 010 mm　1/16
印张：8.75　　　　　字数：112 千字
2020 年 3 月第 1 版　　2020 年 3 月第 1 次印刷
定价：45.00 元

现代口述历史源于美国，后为保存"公众记忆"的历史记录方式。那么又怎么理解口述历史？中国上下五千年，无论是远古先民传说，抑或是春秋战国智者先贤口头传授并编撰成书的《论语》，再至近现代各种形式的社会调查、媒体访谈，乃至老一辈人给子孙讲述的家庭渊源或个人往事……都可以理解为口述历史。

近些年随着越来越多人的关注，口述历史不仅仅局限于"记录"，而是越来越注重对访谈员的专业培训，以及研究领域的专业规范。正如英国学者保罗·汤普森（Paul Thompson）所谓"用人民自己的语言把历史交还给人民"，说的就是口述历史在史料征集及现代史学研究上的专业性、规范性及平民性的特点。

在澳门历史研究中，口述历史日渐受到重视，2008年，为加强澳门学术研究，打造特色研究平台，澳门口述历史协会应运而生。协会的宗旨是团结专家学者和青年学生，利用科学方法，推进口述历史资料的采集、编辑和研究工作，并通过对民间私家著述和公私文书资料的收集、整理，促进澳门历史研究的发展，提升澳门的文化形象。澳门口述历史协会成立至今，深入不同的小区开展了多项口述历史访谈，从新桥、下环、福隆、十月初五街到氹仔、路环，访谈不同阶层的澳门老居民数百人，以"社区变迁"和"行业兴衰"两个视角，透过受访者"亲历、亲见、亲闻"的口述回忆，从不同方面反映澳门社会近百年的历史发展，并保存了大量视频、音频、图片和文字，为保存社区历史，弘扬社区文化做出了一定贡献。

随着系列工作的推进，2016年，澳门口述历史协会（以下简称协会）成为国际口述历史协会成员，还启动了"澳门口述历史访谈员培训计划"，壮大了澳门历史文化事业的团队。将口述访谈成果汇总出版，进一步扩大协会的影响，更是当务之急。在以往访谈成果汇总成《澳门口述历史丛书》（以下简称《丛书》），已经出版了第一辑五本的基础上，现在又继续推出第二辑五本，这五本涉及博彩从业人员、报贩、士多店主、街头摊贩以及旧区小店主等人物。以后还有第三辑、第四辑陆续推出。

从内容上来讲，《丛书》涉及人物、家庭、行业、社区、风俗等专题，补充了澳门现代史文字资料之不足，丰富了澳门历史。就早前对澳门历史研究情况的考察，澳门现代史最重要的史料实为口述史料，而非文字史料。现今在世已过古稀之年的老澳门人，经历了抗战、新中国成立、澳门回归等重大历史事件，他们的集体回忆构成一幕幕真实、生动的澳门现代历史图像。

另一方面，《丛书》于内地出版，在提升澳门文化传播辐射力的同时，亦能深化两地的文化交流。纵观澳门出版物现状，内容呈现多元化，图书市场空间虽有明显发展，但还面临不少问题，具有澳门本土特色的书籍一直很难大量在内地传播。而此次《丛书》由内地出版社出版发行，是澳门口述历史出版物在出版地域、传播途径上的一项大突破。

随着访谈计划的持续开展，协会积累的访谈资料越来越多：澳门老人抗战的回忆、校园回忆、风灾记忆，澳门的郑家大屋、红街市、福隆街区、望德堂，澳门的银行业、典当业……一个个鲜活生动的人，大量鲜为人知的旧时生活场景进入人们的视野，令人好奇、向往、感慨。

相信这些涉及澳门经济、历史、文化及社会生活等方方面面的鲜活的口述历史材料，以及文中所配珍贵的老照片，能很好地展现沧桑而又富有生命力的澳门风貌。

协会访谈团队经过多年历练，现已能够规范执行访谈任务，从确定选题和访谈对象、安排日程、预备工具，到现场访谈、拍照、录音、录影，再到后期逐字逐句转录，形成规范的转录稿；从转录稿再到专题文章，从而形成交付出版社的初稿。图文并茂亦是《丛书》特色，除了现场图片的选用，《丛书》往往还尽量补充受访者提及的生活经历以及相关事情的图片资料。

附录"口述历史资料"是团队开展项目时的一些基本记录，例如受访者姓名、年龄、基本情况、访谈地点等，希望读者能够对此项目的整体面貌有一个清晰把握。

时光飞逝，当年接受我们访谈的不少人，已经年长了许多岁，更有人已经离开了我们。而当年我们协会这支年轻的访谈员团队，有在读大学生、高中生，如今均已走向社会，在不同的专业领域都有了很好的岗位，有文博机构的公务员，有教师，有社会工作者，有大学博士生。他们当年在口述历史协会所进行的口述访谈项目，对于他们更多地接触社会，锻炼提高他们的工作能力，有着莫大的帮助。更有一批一批的新人，经过专业培训后，加入协会的团队，为我们增添了新鲜血液，让澳门口述历史协会的访谈事业常青。

谨将本套丛书献给可爱的澳门，以及生活在澳门这片土地上的人们。

# 目　录

# 近七十年的摊档

李权 口述

廖克健 整理

**李权，1947年出生，沙梨头权记骨粥经营者。**

-------------------------

## 母亲经营

在我小时候，这个流动摊档已经存在了，但那时候是位于那个天桥下。我在二十六年前开始接手这个档口，本来是我母亲经营，到现在都差不多有七十年的历史了，与对面那间糖水档都是差不多那么久时间。

虽然我有兄弟姊妹也有儿女，但他们大多都不愿意接手经营，只好我接手吧。事实上这里的工作时间非常长，每天都要工作十多个小时，还要在开档前花很多时间做准备。

## 跟妹妹学师

我是跟我妹妹学师的，她本身就从我们一位亲戚那里学习煮食的技巧，那位亲戚以前是在台山三角花园(Amigos do Jardim Triângulo)附近售卖粥品。

后来我跟妹妹一起经营摊档，现在我妹妹也继续经营食店，只不过不在这区。以前我母亲只售卖糯米饭、炒面以及咸肉粽三种食品。我大约在1988至1990年就开始接手的，而搬到现在的位置大约有三年，之前一直都在对面糖水档口的天桥底下经营。

当初我的经营时间是由凌晨1：30开始至清晨，因为很多客人都是在赌场里工作的员工，差不多澳门大部分赌场的员工都会专程来光顾我。以前的年代没有什么人会经营夜市，大概只有两三间食店会通宵经营，因此我那时候的经营状况相当不错。

## 独一家卖猪骨粥

后来因为工联大厦需要进行重建工程，我只能够迁移到现在的位置。在重建完成后，行人路那边的位置收窄了，再没有位置摆放我的摊档了，只能继续放在这里。

我以前主要是售卖糯米饭与炒面的，后来才加上猪骨粥。当时在澳门

只有我一家卖猪骨粥，那时的人都是专程来跟我买粥。（我）这里还有其他食物，如腊肠、炒面、肠粉和咸肉粽。以前我还卖炒河粉及米粉，不过我搬到这里（后），档口实在没有那么多空余的位置摆放其他食品，所以现在都不再售卖了。

## 售卖品种

最多客人买的食品就是我眼前的这几样，所以现在就售卖这几种了。最多人买的是糯米饭，这里还有鱼肉猪肉混合做的烧卖，本来我纯粹只卖猪肉烧卖的，后来那位做猪肉烧卖的老人家要退休，不再做了，我自己本来就已经很忙，根本没有多余时间去做，所以就制造了这种混合猪肉鱼肉做的烧卖。

这里还有四海鱼蛋，我会把鱼蛋切成一粒一粒的，然后把它加工，再放到调味汁里，我的客人是吃不到鱼的味道（的），就像吃斋一样。而鱼蛋就会当作配菜一样，在客人买炒面、糯米饭或猪骨粥的时候加上去，当作送给他们一样。以前我是用腊肠和虾米做配菜的，但是因为虾米太多沙藏在里面，就没有再使用了。

猪骨粥在我档口是十分畅销的，以前能够一天里卖四桶左右，每个粥桶有一米多高。但现在销量减少，只能够每天卖三桶，这些桶也比以前的那种体积细小了，只能装四百多碗猪骨粥，以前是能够每天售卖六百至七百多碗的。

## 有谁来吃

不过现在我也不想做那么多桶了，因为我流失了在赌场工作的客人。现在市面多了很多其他食店，而且赌场员工上班的时间也转变，（以前）那批赌场客人已经很少会光顾。

另外，还有一批流失的客人就是本地的渔民。以前十分兴盛的捕渔业，现在也衰退了。以前很多渔船靠岸后，渔民都会来光顾我的，现在根本就是渔民越来越少。

我平日大约下午2点开铺，早上11点或12点就要在我的厨房里开始工作，为开档做准备。现在我老了很多，需要雇用一些"钟点工人"来帮助我，才能顺利开档。每天大约经营至凌晨1：30，收拾完档口准备离开回家的时间，大约就是凌晨2点。我想放假休息的时候，一般都是休息四五天，我自己都是随心。

## 现在要经常加价

现在猪骨粥一碗售十八元，并没有分大中小，而加上其他食品，如炒面、肠粉、粽或糯米饭都只需要三十元。凡是购买这样两种食品加在一起的都是三十元，没有分别，（其余）每样食物单售就是十二元。

在我刚刚接手摊档的时候，猪骨粥只是卖八元。当年的物价很便宜，而且价格比较稳定，我以前可以在很长时间里都不加价。可是现在就一定要经常加价，因为这几年的食品价格很不稳定，而且也昂贵了很多，我差不多每年都要调整价格。

那时候，生意最好的时候是每天的凌晨时段。在澳门回归前后，我的经营情况好很多。以前在澳葡时期，（也就）是八九十年代，有很多人都会光顾我，特别是在回归前后的那几年，人流非常多，有很多戏组的人，在氹仔工作或居住的人与公务人员，都会在我这里落下大批订单，有一次最多，要五十碗粥。那时候在离岛根本没有太多食店，所以他们都来我这里光顾，有些来自香港的明星也来我这里。我摊档的咸肉粽每天能够卖到二三十只，炒面可以卖到四五十斤。

## 揾食辛苦

其实我做了这么多年推车摊档，也令到自己患上不同的职业病，如"菠萝盖"（膝盖）就很不舒服，其他的同业（也）有同样的情况。

我摊档的鱼蛋每天需要准备三十多斤来售卖。由于以前没有什么摊档会做夜市，所以在我开铺时，会有几十位客人围着等候购买我的食品，好不热闹。为了应付大批客人，我特别托人制造了专有工具，例如这个专门夹起肠粉的工具，能够快速夹起更多的肠粉。不同的食品也有它们特有的工具，非常方便，能提高我的工作效率。食物也是分季节的，冬天的时候，糯米饭非常好卖。

我眼前这架推车是在二十六年前刚刚接手的时候花了一万元做的，价钱在当年颇为昂贵，现在也保存得不错，我每天关店后都要推这架小车回去家里的。

每天早上七八点我就到街市购买食物材料，并要花费数小时去处理。要用特制的工具去煮，如炒面就要用一个非常庞大的锅铲去炒，并要一定数量的人员去炒，才能够炒这么多数量的面。

那个帮我制造工具的店铺现在都不再造厨具了，我和那个老板是相熟的，所以我叫他的话，那就应该没什么大问题，但其他人的话就不太可能了。在当年制造那些工具的时候，我有造多一个后备工具，所以那些工具损毁了，也能用后备的。

## 规管十分严格

以前我们的摊档是会经营通宵的，政府现在规管得严格，我们在凌晨1：30前收拾摊档。在澳葡政府时期，人流比现在多很多的，那时很多年轻人以及其他工人在放工后，都会来光顾我们。可是现在的年轻人都不太喜欢这样的食物，跟以前不同。而且（以前）最大的客源是在赌场工作的员工，现在赌场大都有提供膳食给员工，所以赌场员工根本不需要到我们这里光顾，他们现在也多了很多选择，能够在其他食店购买。

为什么我们没有摆放木台在这里？因为我母亲不懂可以这样做，就没有放木台，也没有到政府那里领取木台牌照。其实我们以前是三四个人一齐经营这个摊档，但亦没有时间去应付所有客人，所以更不用说去应付在木台进食的客人了。

## 人流量少了很多

我们每天要工作十六七个小时，觉得有点吃力。在我档口这么多种食物里面，最花时间制作的是猪骨粥，因为要花非常多时间去处理食物材料，程序很繁复。首先要到街市选好特定的猪骨，拿回来后又要清洗干净，又要拿来加工，又要花一段时间把猪骨放在粥里煮才能成，所以真的很花时间。

现在食品的成本高了，不过收入就没有很大的差别，只是赚少了，人流相对以前就真的少了很多，而且本地人的饮食习惯也改变了很多，现在的人都不是太倾向光顾我们这样的店铺了。当然我们也有不少的老顾客，他们直到现在还是有继续回来光顾的，有些甚至会带着他们的儿女或孙子来我们的摊档，感情十分好。现在如果我的身体还是有能力去经营的话，我会一直努力做下去的，在夏天的时候经营会比较辛苦，客源大部分都是本地的熟客，当然也会有旅客光顾，以前还有一批香港的旅客经常光顾我们。

# 两代人的牛杂店经营

杨绍龙 口述

阮世豪 整理

**杨绍龙，1947年出生。关前后街"杨六牛杂"摊档经营者。在关前街、草堆横巷中存在的这档牛杂经历了两代人，经营了五十多年了，这就是杨六牛杂。**

- - - - - - - - - - - - - - - - - -

## 环境变迁

　　我叫杨绍龙，现在这个摊档——杨六牛杂，是由我父亲开始经营的。他原籍广东南海，世居广州，在"二战"时期因逃避战火，避走韶关，待抗战胜利后，才回到广州。其实父亲在广州生活时，是跟着爷爷做纸扎，但他想学多一门手艺，就跟着同乡做起牛杂来。

　　在因缘际会之下，1962年，父亲来到澳门，决定做回老本行，开了这家牛杂档。

　　牛杂档选址是我父亲定的，最初在关前后街黎文记后门摆档，当年关前街一带人多热闹，聚集了很多食物摊，有卖粉面的，有卖糖水的，款式很多。除了小食摊贩之外，还有大量捡破烂（的）在果栏街及烂鬼楼附近街区摆档。

　　记得在1979年，我刚从广州来澳时，看到整条街也是卖杂物的，印象很深，看到每一小摊围着一群又一群的顾客，整条街水泄不通。他们主要目的是凑热闹，就算不买，也来看两眼，慢慢寻宝，所以整条街都堵满了人，就像现在新马路般热闹。有些时候连的士司机都会特意绕路，尽量避免进入关前后街，害怕有进没出。

随着人流渐减，捡破烂的人数亦逐渐减少，现在只有大井头附近的几档还在经营。

## 新旧档址

自1962年之后，杨六牛杂一直都在关前后街经营，直到1997年，关前后街需要进行修路工程，我们才被迫搬离经营了三十年的旧址。1997年关前后街进行修路，更换地上的大石，整个工程为期两个月，我们这些小

档摊如果长期放假，就会"手停口停"，无奈之下都要另觅新址。

考虑到熟客众多，（为）避免流失老主顾，最后我们就决定在两街之隔的草堆横巷经营，直到现在，一做又做了十几年。

新旧档址之间最大的分别在于人流。旧址在大街当旺，现址在内街则较为僻静。回想过去，80年代初是牛杂档营运的高峰期，主要客源就是街坊或在附近工作的人。当时建筑业兴旺，我的摊档有很多建筑工人光顾，他们体力劳动多，食量大，最旺的时候，可以三小时之内卖到一副多的牛杂，足足有四五十斤重，可想而知有多兴旺。

现在于草堆横巷安定后，客人明显减少了，但细心想想，我亦不太想再迁回关前后街，因为那里开档会非常忙碌，反正现在赚到的钱都已经够用了，儿女已经成家，不想太辛苦了。

## 父子两代

现在，虽然钱比过去多赚了，但是量就卖得不多，80年代卖两元一碗（的）牛杂粥，现在要二十多元，证明物价高了不少。

我这档杨六牛杂，每天的经营时间只有短短的三四个小时，从60年代开档至今，没有太大变改。记得当年父亲打理牛杂档时，开放时间更加

短，往往下午3点开始，不到5：30就结束。他有一个小习惯，每天都预备一定分量的牛杂，亦会准备相对分量的碗，当他卖到没有碗时就会收档。那时候只有他一个人在做，直到收档时才洗碗和收拾东西。

到我接手后，我就改了这种工作模式。我在下午2点多出来开档，一直卖下去，只要一到了6点，无论牛杂卖光与否，都会收档。

## 味道传承

每天早上7点，我都会去营地街市买下预先订好的牛杂，除了大时大节或屠场放假的日子，基本上是风雨不改的。

刚从街市买回来的牛杂十分肮脏，在炆制之前，需要做大量的准备工作，首先要将牛杂稍做清洗，之后就开始"改"牛杂，即是把肥油和用不到的部分切走。"改"牛杂是十分讲求经验和技巧的一个步骤，对刀具的要求亦很高，如果刀锋不够锋利，就很容易出意外。你看我的手就知道，满是刀疤，没有一只手指是正常的，可见经验是累积出来的。

做牛杂档三十多年，长年用刀，免不了受伤，只视乎刀痕的深或浅。曾经有几次割得很深，因为害怕耽误工作，没有求医，也没有休息，只是自己处理一下，就继续开工。

牛杂改好后，就要汆水，汆水后再洗，洗干净后把牛杂焯熟，然后再洗两次。其间不断洗刷，整个过程就好像洗牛仔裤一样，要做到牛杂内不会有瘀血和杂质，不然影响炆出来的味道。完全清洗干净后，就可以开始进行炆制工作。

炆的时候，除牛筋之外，各个部位都一齐落锅，唯独牛筋要后下，因为太早的话，会炆得太软，影响口感。

我家牛杂的特色就是颜色较白，汁清无油。牛杂汁就像汤水一样稀，可以食到牛杂自身的香味。我家的粥底属不稠的类型，两者配合起来才好食。现在市面上出售的牛杂大多数都加入柱侯酱和面豉酱调味，颜色较黑，属重酱浓香型。

两种牛杂各有支持者，但白牛杂就越来越少人做了。

　　其实我父亲也曾经把炆制白牛杂的技巧传给他人，只不过徒弟学会后，都会转做黑牛杂。因为白牛杂的制作工序繁复，需要多次清洗，费时费水，所以澳门还在做白牛杂的，我知道（的）就仅有我一家了。如果我洗手不干，这种味道应该会绝迹。

## 传统瓦盆

　　三十年的经营，牛杂档上的摆设和用具基本上已经固定，反正我习惯了就不做太多变更。在我的档口中，比较特别的就是煮牛杂的盆，这个盆（是）用缸瓦来造的，十七吋\*半直径，深约七吋。澳门好像已经很少人用

---

\*　即英寸，1英寸=2.54厘米。

瓦盆煮牛杂了。

今时今日，厨具品种繁多，市面上很多档贩已改用不锈钢煲、锑煲等来进行炊煮，但我认为传统的瓦盆是最好的，一来用瓦煲炆出来的牛杂较香，二来耐热保温，所以这个手法一直沿用。

使用瓦盆有一样缺点，就是容易破损，当受热不均或（受到）轻微碰撞就会裂。记得最夸张的时候，父亲曾经试过一个星期换一个瓦盆。有见及此，为了解决这个问题，他在瓦盆外面用铁线箍一箍，多加一层保护。但是由于铁丝幼细（细小），石油气一烧就会断掉，不能箍紧瓦盆，还是会经常损毁。

这个盆如果不打烂的话，可以一直用到我退休。其实最主要是因为在盆外的一个箍，不要看这个盆好像完好，其实内里已经裂了，主要是在靠箍去维持。成个底*都已经离了，但现在还不会漏水的，因为我已经箍紧了盆，它（盆底部分）离不开。这个盆已经用了很长时间，牛杂汁又有胶质，不多不少也有牛杂汁堵着一些缝隙的，所以盆裂了都不会渗水。

这个盆我已经不记得用了多长时间了。但在我接手之后，（仍然）非常耐用，由于我自己做机械出身的，我懂得烧焊这些东西，这个盆是我在原料铺买些白钢片回来自己扎实的。（直接用）白钢的话就会经常干水，而且不耐热，关了火就很快冻，而（用）锑的话，听说会有化学反应，食了对身体不适，所以就要用瓦盆较好。

广东人做菜都会用瓦煲。盆下有不锈钢隔开的，所以不会黏底，以前我父亲是用竹来隔的，不过因为煮得太长时间，竹软化后会出现竹丝，食的时候会有所影响。

## 接手父业

我接手的原因是因为每一个兄弟都不接手，而我原本在广州是做饼干、做维修的。我来到澳门（时），我父亲都七十岁了，他如果还在，也差不多百二（一百二十）岁。

---

\* 广东话中，"成"有"整个""全部"的意思。——整理者注

这部车仔（推车）的主体是接手的时候造的，也超过三十年了，还有其他部件，都是开档时插进去的。果栏街合利做的。

　　开摊没有难忘事，我兄弟也不做，（我）有两个孩子，他们都不懂得做了，不会接手我了。

两代人的牛杂店经营

# 糖水生意日渐稀少

陈达源　口述

廖克健　整理

陈达源，1951年出生，红街市达记糖水经营者。

- - - - - - - - - - - - - - - - - - - - - - -

## 开铺差不多四十年了

我开铺到现在都差不多四十年了，大约开在1977年，刚开始的时候是我自己经营。本来我自己是帮人工作的，遇上世界性经济衰退，所以那个时候根本是很难找到工作，甚至一天只有十五元的工作也找不到，只能做小贩，拿东西出来卖。

当初其实不是售卖糖水，而是卖薄罉的，即是现在说的薄饼，我家里没有地方可以做，那唯有走出来做薄罉卖。以前是要使用打蛋器来制作薄罉的。但是靠做这个，不太能够维持生计，因为生火比较慢，出品慢，没有什么客人。

我又试过蒸萝卜糕，但是拿货比较麻烦。以前在水果铺那里取货，卖不完的那些就三四毛钱一斤，价格高的时候可去（卖）到一元一斤。你每次买货都要买一定的数量，所以不划算。当时只有我一个做，又要蒸又要售卖，生意只是麻麻地（一般般），勉勉强强。

后来在我结婚之后，多了家人帮忙，我才能够售卖糖水。我都是在70年代开始售卖，只卖两样食品。应该是在1984年，开始转卖糖水。

## 一年售卖三样食品

那个时候我一年售卖三样食品，不冷不热的时候煎麦皮饼卖，天气冷的时候煎萝卜糕卖，天气炎热的时候就会推个雪柜出来开档。要由家里推出来，那个雪柜只是卖冷的食物，那就开始售卖糖水。

在我结婚之前，对面那个地方有一档是卖热糖水的，我不想弄到好像争生意一样，后来那位年纪大的老伯退休之后，我才开始卖热糖水。当初我只是售卖冻的糖水就跟他没有抵触。

冻糖水比较特别，以前在市面上是没有的，我有马蹄沙、椰汁奶露、冬瓜水等。结了婚之后有足够的人手，以前那两种食品，煎薄镬生火时间太长，即使客人数量多，也不能够接太多生意，而煎萝卜糕是季节性的，只能在天气冷的时候才有萝卜，其他时候就没有，取货又不是很方便。但糖水不一样，可以在家里先做好，然后拿出来卖，多点人光顾也不怕，可以继续卖。

## 边学边做

我陆续开始卖冷热糖水，其实我都没有跟师傅（学）的，自己做好了然后拿给其他人试试，吸收了经验后再做。当初我都不太会制作糖水，都是一边学一边做。糖水是我妻子出来帮忙经营才一齐做的，现在那些糖水都是我妻子做的。

　　其实每样糖水都是卖得差不多，天气冷有汤圆，天气热有冬瓜水，还有红豆绿豆芝麻糊。糖水会因天气时节而有所不同的，好像眼前这一个推车，主要是用作卖热的糖水，旁边那个小的部分就是冻的糖水。天气热就会制作多一些冻糖水，旁边就会有一个卖热的，冬季的时候就相反，这样可以方便不同的客人。以前只卖一样，有热的会赶走食冻的客人，反之亦然，现在多了人手帮忙就不同了，两样都兼顾。

## 曾经的混乱

　　在我还煎薄饼的时候，曾试过在新花园游泳池那边售卖，晚上到新桥区那边卖，早上又会在红街市（Edifício do Mercado Vermelho）

糖水生意日渐稀少

卖，以前晚上也曾到过莲峰庙那里。

应该是80年代的时候，由于有新的移民潮，很多人都在做小贩。只要等检查执照的政府人员走了之后，红街市就会变得很混乱，这里的摊档就会排成三四行。以前还会推到路边售卖，由澳门其他地方来的小贩，都会到红街市这里售卖自己的商品。

刚开始这里其实是没有摊档的，我来这里，非常容易找地方开档，以前小贩摆档（指有营业执照的）的位置只有几个，但是等检查小贩经营执照的政府人员下班之后，其他的小贩就会立刻出来开档。义字街那边的小贩都会过来，因为以前义字街不是那么热闹。

我现在早上大约9点多开档，然后在夜晚6点多7点收档，以前自己做的时候只有自己一个，早上要在家里准备很多东西，所以下午3点多才能够到这里。

## 独具特色

过冬的时候，我这里的汤圆最好卖，夏天就是冬瓜水。曾经有电视台媒体来访问我这间铺。我和我妻子早上6点多就开始煲糖水，红豆和绿豆沙要花费时间去煮。

我的绿豆沙，好像没有其他人煮得好看，但吃下去就知道并非如此，为什么呢？其他（人做）的糖水比较取巧，他们会采用没有壳的绿豆，只要花很少时间煮就能够"起沙"。但是你吃下去才会知道有分别，只需稍做比较，就会感到我的糖水香味比较重，这就是无壳绿豆和有壳绿豆的分别，容易"起沙"的那些，味道并不太好。

其实要煮绿豆沙，要用有壳的绿豆。用无壳的绿豆是取巧，这样能够节省柴火，只要很少的步骤就能够完成，而有壳绿豆需要花费数小时煮，煮好后还需要隔掉豆壳，需要多层步骤及时间，成本高了也是自然。火水（煤油）的价格可是比石油气更高，以前对我来说是负担之一，煮的时间长嘛。

红豆（沙）、绿豆沙是要花很多时间，而汤圆在煮的时候并不会花掉太多时间，但搓粉需要用整个上午的时间。这里的汤圆只有麻蓉一种味道，都是我自己做的，外面没有。因为要花太长时间制作，所以并没有做其他的味道了。

制作汤圆最重要的（是）真材实料，我会每颗每颗做，用纯正的糯米粉，不加任何额外的东西，这样味道才会好。很多人举办喜事，都会来我这里订汤圆，而不选择在超级市场买，是因为超级市场售卖的汤圆，制作到运输，到达时已花费很长时间，在煮的时候容易融掉，而我这些汤圆每天新鲜制造。如果天气不好，可能会有剩下的食品，那就会跟亲戚分享。

## 说说变化

我下班之后要把推车推回工场，不能够放在这里，我的工场就在后面，以前我是住在台山，现在就是在附近。

我每样糖水每天卖两三桶，分为大、中、小（碗），价钱分为八元、十一元及十四元，而汤圆和鸡丝翅则卖十元、十四元及十七元，全都是明码实价。前年我有提高价格，一直到现在。我的熟客都是街坊邻里，所以不可以经常提高价格。大约在四十年前，我只是卖一元到两元多。当初经营的时候，我夏天有椰汁奶露、菠萝粟米羹、雪耳马蹄沙及冬瓜水四样，现在没有，只有芝麻糊及喳咋*。

以前是用碗装食物，现在都是用一次性的。以前是用火水，现在则用石油气。以前是用生铁推车，用烂以后，则改用不锈钢造的推车，这推车已经使用了差不多二十年。

这里的环境都没有什么太大的转变，只是卫生环境改善了，这里的花档以前是堆放垃圾的地方，下午3点清洁了之后，才会开始开档。刚开始时对面有牛杂、糖水、牛杂粉面、豆腐花，豆腐花后来转了经营粉面，然后又有糖水店铺转型卖粉面。

曾经路面铺葡式"石仔路"，下雨会导致水浸，后来不知什么时候，好像在回归的时候，再次修建为水泥马路。

红街市，本地客人及游客会来光顾，甚至日本游客也有，总之不同层面的客人都有。上午就没有那么忙碌，下午下班、放学就比较忙。80年代那时是最热闹的，人流很多，现在就没有那么多人了。

---

\* 一种主要材料是西米的甜品，由澳门传入香港。——整理者注

现在售卖台湾食品的店铺星罗棋布，总有点影响。80年代初最好，新移民非常之多。

## "买少见少"——已经日渐稀少

我的经营成本是提高了，生意还可以，总是有一班熟客支持，而且我们这些摊档是买少见少了。

我开档的时间不短，每天要做12小时，（早上）6点经营到晚上7点，天气不好就会休息。有些人移民到了海外，都专程回来找我购买，因为其他地方没有我这些糖水。我的冬瓜水是冷得有冰花的，我的雪柜是特别打造的。我有两部推车，雪柜也有两个，夏天是用另一个雪柜，现在放在工场，会因为季节而轮换。现在卖热的糖水有七至八种，冻的糖水则少些，有三四样。夏天则相反，冬瓜水必须卖冷的，汤圆必须卖热的。

糖水是不可以卖完才做（的），要先做好放进冰箱，隔天才拿出来。还有另一台冰箱就会放更多的糖水，做好就放进去。整桶在工场做好，然后放进冰箱，这样才能把糖水雪冻。

我尽量一直经营下去，但要看看身体情况。

# 油炸小食做起来

冯道得 口述

阮世豪 整理

冯道得，1952年出生，沙梨头荣记炸物车仔档店主。

凌晨时分游走在沙梨头一带，你会见到形形色色的食肆和摊档在营业，这里是澳门市民消夜的好去处，有粥、面以及糖水等美食。当中有一档吊着红灯罩、黄灯泡的车仔档，档上放有一个大油锅，老板拿着长筷子娴熟地翻动着锅中的食物，不消一会儿，锅内的青椒、酿茄子、酿豆腐等食物，就油油亮亮地放在大盘之中，看着不禁令人垂涎三尺。原来这个车仔档不知不觉已经过了三十多个年头，靠的是一个大油锅、新鲜的食材和长久以来的经验，冯先生就是这个摊档的老板。

- - - - - - - - - - - - - - - - - - - -

## 油炸小食做起来

我姓冯，我有八（个）兄弟姐妹，自己排行第六，全家只有我做饮食行业。由1980年开始，我就开始做油炸小食，到现在过了三十多年了。回想过去我投身这个行业，都是因为机缘巧合。在七八十年代的澳门，想要找一份安定的工作是十分艰难的，无论做搬运、饮食还是其他工作，都需要人事担保，而我又无人脉关系，所以就想自食其力，出来做小贩，但求两餐温饱。

在开这个摊档之前，我对油炸小食的认识不多。70年代后期，我去了香港一段时间，见到乡亲朋友做油炸小食，我就跟他们学习这门手艺。看似简单的工序，其实当中有很多技巧，我也学习了几个月，才掌握到要点，包括主要食材的料理、材料比例和制作技巧。

到了1980年我回来澳门后，开始经营车仔档。刚开业时期，我是无牌摆卖，要"走鬼"的，还几次被人检控。交了罚款之后，那一天的工作就等于白做了。

## 从无牌到有牌

这样的情况维持了五年，市政厅在1985年之后才发牌给我，从那以后，我就正正式式开始在这里摆卖了。三十多年来，摊档的位置没有太大的改换，选择这里是因为交通便利，后面又是康乐馆，很多市民下班后都

油炸小食做起来

会到这里消闲娱乐，人多热闹。

虽然这里人流畅旺，但当年在街市附近经营的摊档都要收钱的，就好像卖一些干货和湿货的贩商，每天都要交三元左右（的）租金。

我这里下午5点开档，到晚上1点收档，在收档时还需要（做）清洁和收拾等工作，到真正回家的时候也差不多2点了。单单摆档的时间已经有九个小时，再加上事前准备的时间，已超过了十二个小时了。

## 精心准备

我售卖的食物种类较多，有十六七种小食，需要花不少时间处理食材。每天的工作就是先到街市购买原料，回工厂后把所有急冻食物融雪解冻，再进行调味，还有其他原料的处理，例如青椒、茄子等，都要清洗和切件才可以使用，单单这样已经要两三个钟头的工夫。

作为"炸三宝"主要食材的鱼肉，更不可疏忽。我每天都会买二十斤鲮鱼肉，单单处理这二十斤的鱼肉，就需要花费我半个小时以上的时间。鱼肉跟粉的比例是关键，还有爽滑的鱼肉一定要大力挞，不断挞至起胶的状态。这不是简单的事情，我学了一段时间之后，才领略到如何快速挞至起胶的技巧。现在这双手都挞了几十年了，手指骨节都出现肿痛，可以算得上是有少少职业病了。

在食品类型方面，从开店至今，我售卖的小食会应街坊和客人口味，

油炸小食做起来

以及自己喜好而改变。以前我卖过炸鹌鹑和炸春鸡，都是整只去炸的，但由于市民饮食习惯改变，销量下降，最终就停售了。另外我还卖过炸糯米饭，到餐厅内买些新鲜煮好的糯米饭，摆卖时再把它炸到金黄香脆，可是之后有新闻指出部分糯米饭经化验后，验出了有害物质，我猜测可能那些厨师想让糯米饭更加爽口，所以会加入少许硼砂，现在硼砂不准作为食品添加剂了。为了客人健康，我就不卖炸糯米饭了。现在我卖的食物主要都是在冻肉店买的原材料，食物质量有一定的保证。

## 三十年来变化大

回想起在我刚开始经营时，酿青椒大约两毫子一块，现在是七元四块，三十年来相差了近十倍的价钱。

现在的澳门是最繁华的年代，我从来都没有想象到有这样的高峰期，游客和本地人增加，消费力很强，收入也多了，所以这几年我做得最开心。

我真心希望我的下一代会接手这个摊档，可是不只是我的油炸小食摊档，就连其他的推车摊档也越来越少了。希望可以传承下去，但我的孩子们各自都有自己的事业，接不接手就随他们喜欢了。现在社会环境变化那么大，很多事都难定下来。

只要我在，可以继续做就可以了，其实也不需要想太多。

油炸小食做起来

# 一门生意总算守下来了

张巨源　口述

蒋美贤　整理

**张巨源，1953年出生，永乐戏院旁"永乐鸡丝翅"经营者。**

-- -- -- -- -- -- -- -- -- -- -- -- --

## 原装正版鸡丝翅

我这个手推车档，紧守在永乐戏院(Cinema Alegria)旁边，将近三十个年头了。从前摆着是自己手作、拼拼凑凑的木头车，现在都已经换成不锈钢，找师傅来专门制作的流动摊贩手推车了。就连原来放在手推车底的火水炉（煤油炉），也换成了烧石油气的。自然，当年那位造木头车的、廿岁出头的我，如今也已是年过六旬，都是时间的造化啊。如果说有什么是不变的，那就（是）我手上这碗鸡丝翅了。

"澳门首创我至正斗*""原装正版鸡丝翅"，这当然都不是摊档的名字，但绝对可以视为标志。上面写着的，甚至可以说是澳门的一段历史也不为过。事实上，澳门鸡丝翅的历史就是从这里开始的。

## 澳门第一家

鸡丝翅是发源于香港的大街小食，从前澳门街是没有的。1985年，有位香港的青年人，推着一辆木头车，车上放着两个桶，来到永乐戏院正

---

★ 意为"我是正宗"。广东话中，"至"有最的意思，"正斗"表示正宗、优质。——整理者注

门，招呼路过的买碗鸡丝翅尝一尝。就这样，鸡丝翅从永乐戏院门口开始，一直传到澳门大街小巷。

由于摊档一直无取名字，大家习惯了用档口的位置来称它为"永乐鸡丝翅"。那个小伙子就是我啦，永乐鸡丝翅是澳门的第一家无疑。

## 百般滋味

我每朝从10点开始，先把买回来的鸡肉"拆骨"，待食材准备妥当，煮了足够数量的鸡丝翅，装进桶里，然后搬到车上放好。我每天会预备七八桶吧，也说不准，视乎前一天的生意情况而定。最多卖十一桶也试过。一桶的分量就差不多十七八个大碗。

到下午4点钟准时推车出去，开档摆卖，到7点差不多也就卖完了，收拾一下，推车回去。回到住处的大缆巷把车放好，把东西搬上楼，洗擦干净，还要裁好外卖用的纸皮，差不多一天也就过去了。

日复一日地操作，已经成为我生活的一种模式、重心。我的小车养活了一家人，现在孩子都长大、有自己（的）家庭了，做起来就没有什么压力，可以应付自如。回过头再想起当初，真是百般滋味。

我是香港人，以前没想过会来到澳门生活的。我家中有六个兄弟姐妹，现在散居在澳门、香港和内地。我是长子。

我后来回内地结婚了，想要申请妻子移居港澳，结果香港那边不获批出，反而澳门这边可以。再者我身体有缺陷，拿着残障证在香港也不容易找到工作。于是就趁此机会，试试看来澳门谋生吧。

就这样，从1985年起，我们就移居澳门生活。

## 谋生不易

我不是没想过替人打工，但碍于自己的身体原因，加上市况也不好，很难找到工作。当时社会也简单，谋生的途径不多，人们要不出去打工，要不就自己开店铺做零售买卖。无本钱开铺头的，直接在街边凑合个档口摆卖就是。不像现在又要申请执照，政府限制发牌，领了牌照的还要跟足一套程序，档口的大小、摆放的位置都须固定。以前不是这样的。

我们早期都是推木头车，从粤语片会看到的那一种，随便多架块木板也好，纸皮也好，再简单一点用担挑也行，卖什么的都有，想到能卖的都可以拿来做生意，各施各法糊口就是。

小车一般以食的为主。以前新桥这一带就有很多摆卖小食的，什么煎炸呀，糖水甜品呀，凉粉之类的。民以食为天嘛！那时又是物质不充裕的时代，人人想的就是温饱的问题。

我会想到做鸡丝翅，是因为当时澳门没有，能做起第一家的，就有独家生意的优势。当然这也是把双刃刀，要人接受一种新鲜事物，尤其当时人们对于新事物需要一段时间慢慢来熟悉，怕乱花钱，尝新不容易。这需要等待，亦只能够是等待了。

## 守个一年半载

我那时就想着做开荒牛了，坚持守着守着，免不了守个一年半载，万事起头难啊！能熬过去，日子就会好起来。1987年开始，我的生意就开始兴旺了。先是街坊试过觉得不错，一传十、十传百，在澳门街传开来。人们知道这鸡丝翅"正斗"，是好东西，又是香港人从邻埠引进来的特色食物，"原装正版"嘛，以前没有的，是新发现。真的，那时候大家像发现金矿那样兴奋的，抢着要来帮衬了。

那时我从每天一桶、两桶也卖不出去，到最高峰的时候，十一二桶也不够卖呢。

好景不长，1989年，股灾又让经济陷入低迷，大环境如此也没办法，我只好又继续守着。这次更长时间，那时候一碗大的鸡丝翅三块半，小的才两块钱，很多人也舍不得花，大家都知道揾食艰难啊。

那段是困难时期，真的非常艰难，我从两三点开铺头一直守着，就是守客啰。这里又是西斜位置，一到正午之后，太阳直照过来，尤其暑天，市况非常淡，经济萧条啊。

生意再不好做也非得要做，无论多辛苦都只能咬紧牙关，总要养妻活儿啊！没办法，时势就是这样，只能是共度时艰了。

差不多要到1995年，经济才开始好转，后来就愈来愈好了，回归以后经济就一直蓬勃发展。人们愿意消费，街上也热闹起来，人来人往的，有了一种生机。

家长有余钱了，会给家中孩子一点零用钱。那时候每家的孩子也多，附近又有几间学校，下午三四点学生放学，就会过来食一碗鸡丝翅当作下午茶。以前我都是即场（即时）用碗盛了给他们，孩子捧着站在旁边食，食完就把碗还给我。后来我看见有孩子年龄比较小，碗捧得不稳，食起来很不方便，又容易打翻，弄脏校服和地方（地面），于是想不如放一张小折台，配一张矮凳，让小朋友可以坐下来食，这样就好一点。

后来政府监管愈来愈严格，像我这种本来是没有申请到台牌的，那（指台牌）主要是发给开大排档的。没有台牌，原是不允许摊档旁边又放台凳的。后来我把原为了方便小朋友食东西的意思，跟市政厅的稽查人员说了，他们通情达理，就恩恤我可以按回原来放一台一凳。OK，那就放一张。总不能人家体谅了你，你反而好像是"奉旨"那样，得寸进尺地摆开来十张八张吧，做人不是这样的。人家方便了你，你就要感恩，不能让人家为难，你好我好嘛，对吧？

## 一门生意总算守下来了

1995年以后，我基本上安定下来了。除了因为路面修理，改窄了永乐戏院门口那路口位置，那边扩阔了，相对这边就窄了，我的推车放不下，档口的位置就稍为移过一点，大概是退后一个档口位吧。

至于其他变化，客源上略为有些不同，以前多是街坊生意，现在除了一批固定熟客，也有部分生意额来自游客。现今网络普及，各种信息都泛滥了，这里应该也有人介绍过的。反正如果他们知道这里，又逢上我开市的时间，就会过来帮衬一下。尤其是香港过来的，实时食完了还要带点回去，甚至还有把一整桶买下来，拿上飞机带回去上海（的）。

形形色色的客人都有的，见过很多。其实都是得看大环境如何。像现在经济腾起，人们消费能力普遍都高，也提升了对吃穿用度的质量的要求。所以只要是物有所值的，就不愁没有生意了。

一门生意总算守下来，晃眼差不多三十年，我把孩子都供养长大，连孙儿都有了。"永乐鸡丝翅"也有了一定的知名度。

问我有什么秘诀？其实真是没有的，就一点心得，都是一般的从商之道。就是说要认真做事，待人以诚。像我做鸡丝翅的，都没有什么难度、独门秘方可言，都是手板眼见功夫，学一学就会，谁都可以做的。孰优孰劣，就看材料和功夫。原材料要用得足、用得好，功夫要做得到家，招呼客人要有礼貌，做人的、做事的，讲的都是态度。

我的初衷是打算先在澳门待几年，等候香港重新批给太太签证的，想不到一待就三十年了。现在生活都安顿下来，扎根了就不再想离开了。无谓再又重头来过吧*。再者，邻埠又不好经营街边摆卖。难道又出去找工作？不了，都这把年纪（了），跟街坊邻里都熟络了，每天来往的是客人也是朋友。

---

\* 广东话中，"无谓"表示没意义、没必要，此处可理解为从头再来没有必要。——整理者注

三十年，足够一代人成长的时间。一些熟客中，有些真是我看着他们长大的，从最初的小朋友，现在已经结婚生子了，再带着孩子一起过来，这样（的）场景，看着就觉得很开心了。

"永乐鸡丝翅"的前景？我想应该就做到我做不下去为止吧。哪里找接班人呢？家里孩子都有自己（的）一份工作。时代不同了，现在谋生出路多的是，能选择的谁会愿意做这种辛苦又不见前途的工作呢？

时下的后生们吃不了苦，我们做父母、做长辈的，也不会愿意下一代像自己一样挨苦，是吗？所以没有了*，像这种推车摊档会逐渐被时间淘汰，不久的将来就会式微了，应该是吧？

————————————

\* 指推车摊档以后会没有了。——整理者注

# 珍姐糕点

谭桂珍 口述

廖克健 整理

谭桂珍，1956年出生，义字街珍姐糕点经营者。

- - - - - - - - - - - - - - - - - - - -

## 称呼为"珍姐糕点"就可以

我的摊档没有特定的名字，但你称呼为珍姐糕点就可以了。我和我丈夫一起在这里经营二十八年了，大约就是在1987~1988年之间开始的，一直经营至现在。

刚开始的时候，我只是售卖豆腐花，因为那个时候的牌照不准许售卖多样食品。在数年之后，准许售卖食品的种类才开始扩展至四十多样，然后我也慢慢增加我卖的食品种类。开始的时候，生意量不多，要多卖些各种各样的食品才能够吸引客人光顾。

## 揾食艰难

我刚来到澳门的时候，是在80年代初，这里没有什么工作机会，很难找一份工作。我除了工作之外，还需要照顾自己的家庭，只有自己开摊档，时间比较自由，所以就做了这行业。

多年来都是我们夫妻二人一起努力经营，我们其他亲戚也在其他地方经营摊档。做这个行业的确比较辛苦，赚的钱又不多，没有什么人会愿意入行。

现在我多数是在早上10：30到11点开铺，直至晚上9点左右就会关门。在开铺营业之前，我需要在家中准备（好）售卖的食品才可以出来。现在我有些时候都会休息，以前就没有。休息是随心所欲的，通常是旅行就会休息，（但）下雨的时候我仍会继续营业。

那张木椅是在妇联学校重建的时候拿来用的，整条街的档贩都有一张。几年前那里要进行重建工程（改建为妇联大厦），他们都不要这些家具了，所以我们才拿回来用。好多人都说这些家具是古董，现在外面也买不到了。

珍姐糕点

## 各式糕点都是自学

　　我没有跟其他人学师，都是自学，在我乡下那里，每个人都懂得制作这些食品。我本人是中山人，这些茶果都是跟中山的差不多，钵仔糕就是我自己创作（的）。这种用南瓜搓粉的也是我自创的，用糯米粉与南瓜粉一起搓，这样没有那么肥腻而且味道也较好，纯糯米粉的就相对比较肥腻。这是用粽叶包的，正常的是用蕉叶，但是蕉叶一定要使用新鲜的，对我来说比较不方便，都是用粽叶比较好。当然正宗的是蕉叶，这些粽叶其实是竹叶，新会人都用竹叶，中山人就会用蕉叶的，香味会比较浓一些。

　　我会放进蒸柜里的主要是茶果和粽，茶果是需要热食的，内里是有馅的。我每日准备售卖的数量就是眼前这么多，食物品种也是这么多。

　　现在的煮食工具都已经使用电力，以前刚刚开始的时候是用火水。相对于现在，以前的确是比较麻烦，但使用火水煮食速度相对较快，现在用电煮食就比较慢。

　　我一直都在这里经营，有部分熟客还带着他们的儿女专程来光顾我。以前我开始做的时候，我并没有经营整天的，那时候有另一位店主在早上经营，而我就是在下午开铺，共同使用一个位置。后来这里多了位置，我就迁移到另一面，可以早点开铺了。其实我是可以开得更早些（的），只不过我这样的话就不够时间去准备要售卖的食物。

珍姐糕点

## 细数出品

我这的食品有各种各样，如饺子、钵仔糕、鸡屎藤、栾樨饼、茶果、粉果、萝卜糕、咸肉粽、豆腐花、豆浆以及咸酸食品等；这里的钵仔糕有三种味道，分别是朱古力、椰汁及黄糖，三种味道都很畅销，十分受小孩的欢迎。

我经营了这么多年都没有加价，都是卖一元，没有加价都差不多十年了。另一种比较大的钵仔糕就加了价，但这种是有红豆味的，很多学生下课之后都会走到这里买钵仔糕，我看见他们吃得很开心。大的卖三元五毫，我希望学生小孩吃得开心，所以不太想加价。大的钵仔糕以前卖一元五毫，四五年前才加价。

在我刚开始经营（时），很多食品都只卖一元左右，但后来就逐渐提升价格。豆腐花以前是卖几毛钱的，现在就要八元，分大小，大的八元，小的五元。当初粽只是卖三元，现在都要八元，饺子以前是卖一元一个，现在就要两元五毫一个。

不过这样的价钱已经算是很便宜，这里只有韭菜猪肉饺。现在卖的数量没有以前那么多了，以前会售卖得比较多。以前很少人会售卖饺子，只有在筷子基那一家（有），现在卖饺子的已是星罗棋布，卖饮品的亦是这样。

　　这里的豆浆小的卖七元，大的卖十二元，成本真的高了很多，但是你又不能够加价太高，因为在这条街的行家都是卖差不多的价钱，需要薄利多销。现在每天都是我丈夫在家里磨黄豆，以前使用石磨，（要）花费大量时间，现在使用机器就快了很多。水质很重要，现在很多食店都是使用豆粉来做豆浆，但是我们非常坚持使用正宗的磨豆方法做豆浆。用豆粉做的豆浆是比较粘口的，我们的豆浆不会这样，进口就像喝水一样，还有豆香的味道。

## 工具的变迁

　　我居住在附近，以前晚上需要推这架车档回去家里，现在就不用了，只是将摊档的煮食工具收拾好就可以了。当然开铺收铺的时候最麻烦，又要收拾好工具，又要清洁干净档口。

　　在一开始的时候，我的工具都是用生铁造的，而非不锈钢，推车也是使用生铁造的，在损坏后才上这架车。本来煮食的时候是用火水的，但因为我的摊档比较靠近街道，市政厅不准我使用，就只好改用电力了。大约是在1996年的时候转了用电力。

　　豆浆和豆腐花的桶都是用了十年左右，以前是使用木桶的，损坏之后，改用了保温瓶。装豆腐、豆腐花的木桶是用柚木造的，不是用杉木的，因为柚木可以保存温度，而杉木装的豆腐花会有一种不好闻的味道，是柚木就不会有，现在是用不锈钢保温瓶。其实味道始终都是依靠师傅的技术。

## 食材的传说

　　鸡屎藤是要在每年的农历三月初三食用的，属于季节（性）的食品，就像为什么在端午节的时候要食粽一样。栾樨饼是在每年的农历四月初八进食，古时的人流传下来，说食用了栾樨饼就不会肚子痛，其实内里是有个故事的。听说在以前的中山，有一次整条村子的居民一起肚子痛，不论吃什么药都不能治好，在那村子的河边有一样植物，有居民进食了之后竟

然痊愈，然后所有村民都争相仿效，结果都康复了，就像发生瘟疫时吃了某种药物康复一样。自此之后，村民为了纪念这种植物，就在每年的四月初八食用这种叫"栾樨"的植物。

## 钵仔糕和豆腐花比较受欢迎

我每天晚上及早上都会准备售卖的食品，做好便会出来开档。我每次大约要用两袋黄豆，每天用五六斤豆，天气热的时候会做多一点，反之就少点，下雨天都会做少一些。

天气热，最受欢迎的是豆浆，寒冷（时）则是热的食品受欢迎。在节

珍姐糕点

日的时候，例如三月初三、四月初八及端午节，都会卖多一些，能够多卖三四盘。以前是有一批老熟客，他们每到节日都会买来拜神，现在少了很多。

在这里，钵仔糕和豆腐花比较受欢迎，因为钵仔糕的确比较便宜，有很多客人和学生都会专程过来购买，现在很少地方会用这价钱来卖了。我以前有卖过猪脚姜的，还有煎炸食物，都是刚刚开档的时候有卖，后来就没有卖了。

## 已经算是比较幸运

在我刚刚开始经营的时候，即是在80年代，这条街十分兴旺，后来这里转变成行人专用区之后，就截然不同，冷清了很多，这条街根本没有客人会走进去购买东西的。我在这条街的街口已经算是比较幸运了，这里没有人会驾车进去买东西，客人认为驾车过来又没有停泊的地方，十分麻烦。以前客人能够驾电单车进去，然后买完就可以直接离开，非常方便，现在不可能了。所以行人专用区是有利有弊的，对行人来说固然是一件好事，对我们这些商铺就不是。

我都是依靠熟客光顾，学生放学就是高峰期。以前刚开始做，只有我卖这些食品，没有什么店铺会卖这些食品，所以本地居民、学生以及香港旅客都很多。香港很多熟客会专程过来这里购买我的豆腐花和咸肉粽，认为我的食品比较好味道。以前本地的自来水遇上咸潮，就不能够制造豆腐花了，因为咸水令到豆腐花不能够凝结，味道变得十分咸，当然最重要都是看师傅的技巧是怎样。

我最难忘的事就是有些客人会一次购买十几二十碗豆腐花、茶果或是咸肉粽，不过现在就少了很多，现在周围都是店铺了，所以相对以前来说，的确是比较难经营了。

# 美食会渐渐消失

李汉坤　口述

关皓民　整理

李汉坤，1958年出生，营地大街与吉庆巷交界处金记烧烤摊摊主。

- - - - - - - - - - - - - - - - - -

## 三十六年打拼

金记烧烤主要是售卖数款烧烤小吃，包括鸡肉串、鸡腿、鸡中翼和香肠，我已经经营这个摊档三十六年了。

选择经营烧烤摊档，大致上是因为我当时谋生困难，所以就弄一些小吃来售卖。最初开业时也没有什么牌照申请手续，随便就可以经营一个摊档。这个摊档其实是接手我的母亲来经营的，至于取名"金记"，是由于母亲名字的缘故。

## 独门秘方

起初我的烧烤制作，是以我姐夫的烧腊秘方来作参考。其实他的秘方只是叉烧制作方法，而我是慢慢研究出我的独门秘方，有自己独特的味道。

以前我这个摊档有七个人一起经营，包括我和我的妻子，连同五个员工。那时的摊档，规模比现在大很多，一直延伸到后面电单车停泊区，不只是现在的一个小摊档，而是一间小屋子。实际就是一间"士多"。

我负责准备工序，七个人一起经营一个摊档，人手足，是十分方便的，所以当时可以售卖很多款式的东西，不只是烧烤小吃，还有汽水和香烟；此外，当时不止营业三四小时，而是由早上营业到午夜。

## 慢慢萧条

80年代，澳门的路边摊档发展十分蓬勃，我的摊档旁边还有五个摊档一起经营，有小吃店、理发屋等，十分热闹。但由于当时有很多都不是正式合法摊档，后来政府开始全面管理，将所有摊档重新发牌，以纳回正轨。

我们一直经营了士多十多年，经过那次重整后，就由士多变成了熟食摊档，规模就缩小至现在的样子。而且不能再搭建小屋，因为政府禁止在旅游区搭建任何有顶盖的建筑物，认为会影响旅客。所以那时有很多小贩都被赶走了，传统摊档逐渐减少，逐渐被取代，一些老师傅也逐渐退休。

摊档规模大幅缩小后，经营模式转变很大，而且已经不能再发展了。以前一款小吃，每天能售出几百只，现在只能售卖以前十分之一的分量，所以有很多小吃都没有再售卖，例如牛肉串等。

## 固定工序

此外，准备工序也和经营分开进行，首先是因为人手不足，我不能同时兼顾。现在我们这类小本经营，聘请员工是十分困难的；此外，由于准备工序（要）另外搬到工场进行，不像以前就在摊档旁边做，所以两边花费的时间必须分开。

现在我们每天结束营业后，就已经开始要准备小吃。看顾摊档其实是十分简单（的），不需特别经验，因为每一天的工序都是一样和有顺序的，很多年都是如此。加上我的姐夫曾在这里试业，所以最初已有一个大致的工序。

每天开始营业前先搭好摊档和生炉子，只需大约十分钟。以前用炭生炉，花较多时间，现在改为用石油气生炉子，工序变得现代化和更方便。

美食会渐渐消失

说到准备工序，其实准备工序比经营摊档困难和复杂，首先要处理那些冻肉，先将其融雪，然后要切、腌、串，每晚都会工作到很晚，直至翌日凌晨。我的摊档每天营业时间由下午3点至7点，而准备工序就要花差不多十小时，即使只营业三小时，准备工序也要花七小时，相比起以前，当然是麻烦很多。

至于我的工具，除了烧炉外，其实都用了三十多年了，我对所有工具都一手包办，它们都保存得很好，所以不容易损坏。但烧炉就要每一至两年更换（一次），因为它很容易损耗。

## 转变起伏

经营了三十多年，其实除了那次重整外，还经历过很多转变起伏，1989年后整个澳门的摊档都十分旺。

当然也有生意很差的时期，记得有一次是暴发禽流感，当时几乎没有人敢吃鸡，我的生意额跌了百分之九十。差不多有三个月，之后才慢慢开始回升了百分之几十，因为市民经过那次禽流感后，都了解到只要不接触活鸡就可。

至于这几年，就多了一些慕名而来的顾客。但很多晚来一些的顾客都未必能尝到我的小吃，因为我没有多余时间制作更多小吃来售卖。

一直经营了这么多年，我的生意一直也挺好，最畅销的是鸡肉串，靠的就是腌料和秘方。那些腌料和制作秘方都是秘密，而且每年都需要研究和改进，来迎合顾客的口味。

其实我从小就很喜欢四处尝试食物，特别是烧烤小吃，基本上没有任何食物是我不会吃的，只要是好吃就可。所以同时我也很喜欢研究如何制作好吃的食物，想想可以加什么材料、怎样调整。我的腌料就包含了很多来自不同国家的原料，因为在澳门可以买到任何国家的香料，很多平常没想到的香料也可以加入其中。

不过这行业始终都会式微。以我来说，我现在已处于半退休状态，摊档生意不会再扩张，将来我的家人、亲属也没打算继承来经营，因为年轻一代都不会想出来经营街边摊档。

我觉得这些在市民心中的美食特色小吃，会在澳门街头渐渐消失。

# 精益求精做糖水

区老太
区淑仪　口述

阮世豪　整理

区淑仪，1960年出生，关前街糖水档总管。区老太是她母亲，已经九十多岁，退休近三十年。

在关前街与草堆街交汇的空地上，有一档经营已逾六十年的糖水手推车摊档，车仔档口小小，旁边放着一张台和数张凳子，人流不绝。光顾的有不少是熟客，他们食着糖水，跟坐在一旁的头发花白的老妇人谈天说地。这位老妇就是区老太太了，即这个关前街糖水档的大总管。现在她虽然已经退休了，但每天如常返回档口"镇守"大本营，看看女儿打理糖水档的情况，和街坊们聊天过日。

- - - - - - - - - - - - - - - - - - - -

## 三代糖水档

我退休了，现在已经九十二岁。这个糖水档差不多已经经营五十年。我们家里三代都是卖糖水的，第一代是我老爷*，糖水档是由他开创的，第二代是丈夫和我，现在你看到的是第三代，档口的所有事务已交由我女儿接手了。

老爷他刚开始卖糖水时，是担街叫卖的，担着一条担挑，一边担着糖水，一边担着碗具，边卖边洗碗。他说，试过最远走到前山去叫卖。其实我老爷除了卖糖水，还试过卖其他不同种类的货物，包括面包、雪糕、咸

---

★　指口述者的公公。——整理者注

酸菜和豆腐花等。他觉得当卖一样货物销量不好时，就会学做第二样，卖各种不同的货物，多元化发展。但由于种种原因，最终都是卖回糖水。

后来到了1966年底之后，才开始转为车仔档。转为车仔档有一个好处，就是不用搬着东西四周走，较担街方便和舒服。

我是在抗战时期和我先生结婚的，结婚后就开始帮手这个糖水档口。1988年我丈夫过身之后，我也就退休了。不知不觉，我退休也接近三十年了。

现在这个摊档的经营牌照已转给了我的女儿淑仪。我有五个女儿，有四个都在香港生活，所以事情就全交托给住在澳门的淑仪了。现在我的手无力，医生说（是）老人病，无法医治，想做都做不了，所以现在就是出来看看店，跟老主顾聊聊天，乘乘凉。

## 早年推车仔

记得以前在推车仔时，都不是固定在这个位置，中午在这关前街做生意，而晚上就移到炉石塘。这段时期的工作时间长，是最辛苦的。当年我女儿淑仪只有十岁，她就会自己担台仔在炉石堂我们档摊旁做功课，大约在天成颜料门口的位置（澳门庇山耶街48号天成大厦）。这样做一来是为了防止有私家车泊了档口的位置，所以拿一张台仔去占位置；二来就是容易带小孩子，要她陪着我们做生意。

　　现在的营运时间由当年的中午到晚上改为只做中午，大约2点到6点。我们在过时过节就会有另外的开档时间，例如冬至当日，有很多人早上出来买汤圆团圆，所以我们会提前开早档。

　　到了1979年之后就没有在炉石塘摆了，固定在这里。选择在这条街开档的原因是因为人流旺，经营环境很好。

　　过去的年代，零食品种不多，糖水是当年一个很热门的零食，所以过去的糖水档会有很多顾客。当年丈夫和我两个人四只手也应付不来，经常招呼不及来客，甚至直到1988年。一段时间我女儿接手之后，都有不少人买糖水。

## 好时光不再

到了1993年后就渐渐冷清起来了。在我经营时期，这条街很旺的，附近都有几档推车仔档的。关前后街有一档牛杂面，还有一档牛杂粥，又有咖啡档，但是他们很多都没继续做下去了，可能是因为老街区关系。现在卖的东西不符合现代市民需求，所以就愈做愈平静。

现在的生意难做，而且客人的消费模式和品味也跟过去有分别，很多年轻新一代市民也不太食糖水，相反就会喜欢食生果捞等新潮食品。现在最少客人的时候是夏天，由于我们在街边摆卖，夏天没有冷气，就算有人想食，但是天气太热都食不下。而天气冷的时候我们的生意会好一点，因

为食碗汤圆可以保暖。

其间我们试过卖冻糖水，但街边没有电不方便，那时候我们在汽水车内放些冰，冰镇糖水。因为不是正式的雪柜，所以不冻，效果不好，所以没有卖了。

以前我的那部手推车，由1966年就开始用，当年淑仪六岁，一直用到2009年才更换。现在在用的那一部，其实用了不过十年。

过去的器具都很耐用，工匠在制作时用料很足，就好像我手上拿着的勺子。这个是汤圆的勺子来的，用铜造的，一面密的，另一面是通孔的，可以两用，一边盛汤，一边隔水。我很早期就开始用，现在女儿接手后还在用，算下来都几十年了。

## 精心做糖水

以往的手推车仔只有三个罉，所以不能卖更多款，我们夏天就会卖麦米粥、红豆沙和芝麻糊。而冬天就卖麦米粥和汤圆，红豆沙和芝麻糊就会互换的。

当年麦米粥在澳门没有太多人在卖的，我刚开始卖麦米粥时，是因为有个二叔教的。二叔是我丈夫的朋友，他是在康公庙卖糖水的，之后就没有做了。

其实我们以前还卖过其他不同类型的糖水，但由于种种原因，我们就没有制作了，例如腐竹白果糖水、喳咋、薏米水等。当中有很多都是因为费工费时而没有卖了，就好像喳咋，材料内包含芋头，在处理芋头时，手会过敏，非常痒，所以之后就不做了。

以前还做过糖不甩，不过因为多人买糖水（指顾客多买糖水），同时要兼顾很多事情，而糖胶在煲时一不留神就很容易滚泻，所以之后就没有售卖了，直到近十年我女儿才开始复卖。

还有一种糖水，是我老爷时期有卖，不过由于工序太多，最后都放弃了，这就是"鸡屎藤糊"。在中山一带有一种小食叫鸡屎藤糕，应该很多人都听过或食过。但鸡屎藤糊就较少了，做鸡屎藤糊需要很多工夫，鸡屎藤买回来要清洗，洗后又要剁，要剁得很碎。由于当年没有石磨，剁碎很费时间，在我和丈夫接手后就不再卖了。

现在我女儿卖八种糖水，她一早就会煲糖水，到下午出来售卖。现在虽然卖八种糖水，但是工序也差不多，亦不会太繁复，好像红豆沙和麦米糖水等，都是准备好食材，直接煲就可以了。而芝麻糊就多一点工序，但都因为经常处理，也上手了。

制作芝麻糊要先把芝麻炒香，再拿去磨，磨了又要隔，因为用石磨会较为粗糙，所以需要多磨两次。由于芝麻糊的口感可以看得出来，有时磨得不好会有一粒粒的东西，就不滑了。虽然用石磨要多磨两次，但是磨出来的芝麻会香很多。

我家的石磨是在广州买的，现在都用了几十年了。现在市场上都有售卖一些磨好的芝麻粉，用水煮开了就成为芝麻糊，但味道不好，相较之下会食得出分别的。

## 后继乏人

在价格方面，记得在我丈夫刚刚去世的时候，我们卖一元二毫一杯糖水。我丈夫有一个较传统的心态，觉得大众阶层收入不多，食不起糖水，所以就不忍心加价，薄利多销。现在的价钱就十元，有汤圆的十二元。现在的物价上升不少，压力很大。

我女儿原本做制衣的，最初我女儿接手时，我都叫她不要做，怕太辛苦。街边档就会出现"好天晒、下雨淋"的情况，夏天生热痱，冬天手爆擦，是辛苦、不好做的工作。

我女儿她没有小孩，就算有，我看都不会跟着她卖这些糖水。所以很可能我这档糖水摊会没有人接手做下去了。

# 父亲的半生心血

梁章权　口述

蒋美贤　整理

梁章权，1962年出生，沙梨头勤记糖水摊档经营者。

– – – – – – – – – – – – – – – – – – – – – – –

## 父亲的心血

勤记糖水实在是我父亲梁勤半生的心血。听父亲讲，他从家乡来到澳门之初，这地方非常不容易找到工作。整个社会都是冷清的，经济萧条。当时人们的消费能力也低，一般的店铺都是东主自家亲力亲为，不惯聘请人帮忙做事。父亲也是有一段时间在外面找过工作，做过"包餐"，即是替人煮饭之类的。也是零零散散、断断续续的。他就想，不如索性自己做点小买卖，当个小贩。

那个时候还未立例规管，做这种摊贩生意很容易，需要的本钱、成本也不高，一个担挑两个桶，在家里煮好糖水，准备一些碗，随便扛到哪里都能摆卖。

这就是最初勤记的模样。至于为什么会选择卖糖水？这他未曾提起，但听说他以前也卖过其他东西。

## 两种糖水

勤记开业之初，只供应两种糖水，就是当时最普遍的红豆沙和绿豆沙。最初摊档是下午摆在工匠巷，顾客多为邻里街坊。入夜后街巷冷清，

父亲的半生心血

便转移阵地到康乐馆，有戏院在里面，晚上会放映电影，不愁没有人流。康乐馆带旺了附近街道，空地上有很多摊贩在这里做生意到深宵，勤记是其中之一。

后来勤记就不用担挑，换成了推车摊档，我们依旧每天早上煮好糖水，下午用手推车送去档口。白天的活动范围还是以沙梨头、提督马路一带为主，摆在尽量靠近马路的地方。以前这里对开是码头，内港码头，所以生意还算可以。还有康乐馆的时候，我们照样每晚推过去那边，直至到后来康乐馆结业了。当时戏院业在澳门亦开始衰落，已经没有人愿意去投资这行业。

## 品种增加

说回勤记，自从换成了推车摊档以后，供应的糖水亦随之增加种类，除了原来的红豆、绿豆以外，薏米水、芝麻糊、蛋花麦米粥，还有用来搭配糖水，让（人）食起来口味不觉太单调的汤圆、鸡蛋。其中麦米粥现在已经没有再做了，甚至说在澳门几乎绝迹，是大众口味有所变化的缘故。由于麦米本身质地是比较硬的，所以煮成糖水以后，还是能食到完整（的）一颗颗的麦米，很有口感，以前的人会喜欢。但慢慢人们开始觉得这样不好，难消化什么的，接受的人就愈来愈少，卖不出去，后来竟索性不卖了。

当然，也有老一辈的顾客会怀念，但始终是少数。像以前茶果汤、粟米羹也是很畅销的糖水类，现在也愈来愈少见了。

一般来说，糖水档都是下午才开市的。不同于粥粉面这些咸食，甜的东西一般大家都不会习惯在早上吃的，是吧？此其一。另外本身糖水也需要时间慢慢去煮一段时间，一个早上差不多。大体说来，糖水生意在冬天会做得比较好，因为天气干燥时，大家容易觉得喉咙干涸、不舒服，就会想喝点糖水滋润一下。相反在春季潮湿、湿气重的时候，生意相对就淡了。

## 第二部车子了

现在看到的这车子，不锈钢的，已经是第二部了。除了形体上略为大一些，可以多放一个罉以外，以前放四个，现在放五个，其他基本上差别不大。

要说变化较为明显（的），应该是炉。记得以前还是用炭炉，烧炭的，工夫很多，要将炭压碎，还要经常留意添炭，较为麻烦，炭灰也会把地方弄脏。改为石油气以后就省事多了。

就这样，父亲一直经营勤记到他晚年，才交由我接手。

# 六十年摊档炒栗子

周志荣　口述

廖克健　整理

**周志荣，1963年出生，议事亭前地清记栗子老板。**

--------------------------------

## 突发奇想定制炒栗子机

这间清记炒栗子摊档，我父亲已经经营六十多年了，我自己也做了差不多三十年，而我们父子一起在档口经营的日子有十几二十年的时间。

我父亲大约在1966年时，开始以炒栗子为生计，那时我是两三岁，仍是小孩。这部炒栗子机器已经用了四十多年，在使用此机器前，我父亲是用手炒栗子，有十多年，用手总是麻烦而且累。这部机器是我父亲经过建筑地盘的时候，目睹地盘里水泥车的机械运作时，突发奇想，想到栗子及沙等材料不是跟机器内的混凝土相似嘛，可以产生相同的作用，因此便特别寻找师傅制造了这个特别的炒栗子机。

我花了五六年的时间从父亲身上学习炒栗子的技巧，之后才可以独自经营这个摊档。炒栗子的技巧，最重要的是学会如何因应沙及栗子的大小及数量，从而调节用火的大小。此过程需花费相当长的时间去掌握，并不容易。对炒栗子来说，师傅的经验非常重要。

## 香港拿货

我的栗子机依靠火水（即煤油）作为燃料，当然，炒栗子最重要的一条，就是栗子本身的质量。我档口的栗子取货于东北地方生产的栗子，但我不是到珠海拱北取货，而是去香港攞货。因为香港那些栗子是出口货，质量有相当的保证。不过质量好而价格亦是比较高。

我不需要亲身到香港取货，其他档贩与我有合作关系，并提供贮存的地方予我，我在试货后便入货并贮存在本澳的货仓。我每次只能少量取货，因为栗子较容易腐烂，即使放在冰柜里，时间一长，也会影响栗子的质量。

## 我的选择

在几十年前的澳门，和现在的环境不一样，找工作是一件相当困难的事，因此很多居民都是做小贩以维持生计。我以前夏天贩卖雪水刨冰，冬天则是卖栗子，后来澳门政府监管发牌制度后，要求我们必须选择其中一样为主要商品，并放弃另一种商品。而很多时候，因为天气炎热导致街上没有太多行人，所以雪水刨冰没有太多人光顾；相反，在天气比较清凉时，人流就会比较多，所以栗子的销情相对较好。最后因为天气等的因素，我选择了以贩卖栗子为我的主要商品。

事实上，因为我家就是住在附近的水坑尾，因地利方便，我选择在议事亭（Largo do Senado）这里贩卖栗子，另一个因素当然就是这里是当时澳门人流聚集的地方。当年摆放档位的地方不同于现在，后来才移到今日的地方。

## 准备过程

我的栗子与别家（的）不同之处，就是这里的栗子是软绵绵的，而其他商店贩卖的栗子则比较硬。

贩卖前的准备过程一般要花费相当长的时间，我在早上8至9点开始选栗子，花费两三个小时才可以清洗干净，等到中午12点，才会到街上贩卖。

其实以前在刚刚开始卖栗子的时候，我的档位前是马路，附近有龙记，一间书局还有一间宾馆，那时是在马路与汽车泊位的旁边贩卖，也可以随便在街上推着车档贩卖。后来因为政府管理变得比较严格，才要在特定的位置贩卖。以前有很多本地居民都拿一些旧的物品在这里贩卖，所以档贩的数目不少。在议事亭重建的时候，我需要不断迁移我的车档，最后才移到现在的固定位置。

## 经营档口三十年

　　我的档口以前是依靠熟客为主的，新的客人就会比较少，并且觉得我的栗子与其他档贩的栗子无异。

　　我自己经营档口都差不多三十年了，这段时间可以分为几个阶段。刚刚开始，附近的戏院播放电影开场及散场时，都会有为数不少的客人到档口光顾，后来因议事亭改建为行人专用区，这里的人流也增加了很多，所以那时的情况是相当不错的。很多旅客认为我档口的栗子跟其他档口做比较时，本档的栗子是与别家不同的。

今时今日，虽然人流是增加了，不过我的生意相对以前是差了不少，大部分旅客只是好奇地问问栗子，而不会购买。而本地居民他们不会说什么，就是直接过来购买。

现在的生意相对以前，减少了差不多五成。旅客人数的增长，反而令本地客人减少了很多。

## 档口规定

事实上，如果依靠我的档口生意，能够维持生计，我会坚持经营下去；相反不能维持生计的话，只能无奈地结束档口生意。现在民政总署每天都会派员来我的档口拍摄照片，早上及下午两时段各一次，目的是监督我档口的经营状况，经营时间是否合乎政府规定，以及有否将档口租借给其他人经营，以此准则来审视我档口牌照的资格规定。

我档口规定的经营时间为早上八九点开始，再早些其实也可以的，但是晚上的经营时间则相当严格，档口必须在晚上12点前收拾档口，不得违例；我的档口因是特例，是位于澳门世界文化遗产这块区域，因此政府没有派员在地上划上规定的界线。

以前附近也有很多我们卖栗子的行家，有五六个档口。一间是位于现在便民药房的门口前，其他几间档口则散落在议事亭前地的几个角落。再远些则是一间位于南湾戏院(Teatro Nam Van)的档口，他们售卖的商品也很丰富，有栗子及玉米等。

我的档口是因为有熟客们的支持以及产品的质量稳定，才能得以维持生计。有游客在很久以前曾光顾过我，多年以后，他故地重游，还专程到访我档口。

## 夫妇通力合作

以前因为经营情况相对较好，我可以招聘人员帮忙档口事务，另外一个原因是现在劳工法有相关规定，如工作时间的长短或者福利等。而我的档口如无特别原因是年中无休的，也没有特定的休息时间，所以根本不能够招请人员帮忙，现在只能依靠我们夫妻二人通力合作，努力经营。

我每天还要在贩卖前，在装载栗子的纸袋上写上不同的价钱，每一个纸袋都需要写上。栗子的价格是根据包装的数量去计算（的），分为小、中及大三种，以前的价钱分别为澳门币三元、五元及十元。

现在纸袋不再是主流，所以售卖纸袋的商铺变得十分稀少，购买纸袋都变得十分艰难。为何栗子需要纸袋装载？是因为纸袋能够吸收栗子在熟透后散发出的水分，这个对食物本身是十分重要的，胶袋就不能发挥此作用。使用胶袋装栗子，会令客人进食时满手都是水分，影响进食过程及食物的外观。不过如客人需要，我都会附上胶袋的。

## 健康最重要

现在很多中老年人都不能够摄取糖分，所以我现在炒栗子都没有加上人工糖，而是依靠炒的过程中，栗子本身散发的糖分来补充，我亦没有加上任何其他的添加品。

健康是最重要的，所以我以健康及天然为主，我最高兴的事就是看见很多老人再次光顾我的档口。因为他们吃我档口的栗子，感觉很好，知道我的栗子是健康的，而且是入口就会松化，这对老人进食也比较便利。

## 特别制造的火炉

我刚才有谈过我档口炒栗子的火炉是特别制造的，火炉的核心位置是没有更换的，到现在使用了差不多四十年。火炉的零件因有损坏，所以有做过更换，而且当年制造此火炉时有两部，一部为眼前的，另一部则为后备。

可惜的是当年制造火炉的师傅已经不在人世。我们这个火炉不同于当年其他的火炉，材料选用不锈钢而非生铁，价钱不菲。车档的某些零件部分需要适时涂上油漆。

现在档口的招牌，其实是一位热心人士用相机拍摄下来，然后制作出来给我的，原本存在他的家中。在更久以前，我父亲用手炒栗子的时候，已经有另一个招牌，可惜因我父亲不知其有收藏价值，就抛（弃）掉了。

我还想起当年我父亲在刚刚炒栗子的时候，被本地报章报道，占有很大的篇幅。那时大约是1960年代，可惜的是我已经找不到那份报道我父亲炒栗子的报章了。

## 夏天会做其他工

因为天气的关系，我夏天的时候会做其他的工作，用以帮补生计。我本来是做金器的师傅，有订单时就要做。

这样其实很难保证我们的生活安定。我炒栗子的档口，在天气炎热时是不能够经营的。很多人不理解，会觉得你因为天气的关系就不在这里贩卖栗子？其实卖栗子需要十分多的工序，而他们是不清楚的。因天气关系不能经营，我们亦是十分无奈啊。

如果只依靠炒栗子的档口，能够让我抚养孩子成长及应付家庭支出，我更希望如此。但是现实很难令你顺心如意的。

# 凉茶一桶桶地卖

周麦焕金　口述

阮世豪　整理

周麦焕金，1964年出生，泽记凉茶店店主。在新马路上众多金饰商铺的横巷之中，经营着一间已有三十年历史的摊档。它默默地看着这条马路上人和事的变迁，这摊档就是泽记凉茶，而打理这个摊档的就是凉茶店第二代传人——周麦焕金女士。

--------------------------------

## 接手父亲做凉茶

泽记凉茶这个凉茶档已经做了三十多年了，是80年代由我父亲开创的，以前一杯五花茶大约一元多的价钱一杯，现在就八元。现在的药材贵了很多。

我一共有五兄弟姐妹，现在有姐姐还有我的丈夫在帮手，我父亲主要把档口传给我做。我弟弟不喜欢做街边档，所以就是我接手了。

我就不太清楚父亲在哪里学煲凉茶（的），我只知他以往是做跌打医师的。当有一些村民（遇到）脱臼、断骨等病症，都会找我父亲的，甚至是牙痛等问题，我父亲也懂得医治。他对各类传统医术（都）有一点认识。最后因为卖凉茶方便，不像做医生那么繁忙，而且时间没有拘束，所以就卖起了凉茶。

当年是因为我们作为他的女儿，身份问题不方便，而且长大后就会嫁人，所以我就没有学习他的手艺。

我接手的原因也很简单，因为我以前一直在康公庙附近的咖啡室工作，而现在内港及十六浦一带都比较冷清，我就没有继续做咖啡室的工作，转过来卖凉茶，而且时间真的几自由*。

康公庙那家咖啡室现在已经结束经营了，改做一间凉茶铺，亦是我们的固定工场，每当下班，我们都会把档摊车推回铺头之中。

## 从流动到固定

以前我这一档凉茶其实是流动档来的，围绕着新马路四处推。由十月初五街行到议事亭前地，没有固定驻足的地方，现在就定了下来，售卖时就不再走动。在这固定摆档之前，其实我们曾经在佳记面家（缆厂巷）街口及仁慈堂门口摆档，过去中区十分繁荣，加上有不少如冠男、大龙凤**等酒楼在附近经营，吸引了不少人流。

（无论如何）我都要坚持做下去，如果我们停止经营就会被收回牌照。

相比起以往做咖啡室，这里静很多。变相做的东西不多，虽然人流不少，但没有太大的工作压力。我接手了几年，以前是我姐姐帮手父亲，现在营业的账面银码多了，收入好像多了，但人流就少了。

---

\* 此处是方言说法，"几"表示程度之深，"很"的意思。——整理者注
\*\* 店名实际是"冠男茶楼""大龙凤茶楼"。——整理者注

凉茶一桶桶地卖

　　以前我姐姐帮我父亲手时，需要转牌照，转完之后我姐姐就接手了。现在我和我的姐姐一齐经营这档凉茶，这个营业执照也有两个人的名字。

　　刚开始时，我们是一个流动小贩牌照，四周围推着走的，没有一个固定的地方。到后期才有法则规定，有牌可以摆档，而没有牌就不可以摆档，而当年新马路全部都是像我们这种的。在80年代开始就四处推车叫卖，但维持了一段时间之后，就决定停下来摆档了。

## 灵芝牛蒡茶

　　现在我们一天会准备五种凉茶，以前我父亲在做的时间，主要都是做较为传统的凉茶，当中最受欢迎的是灵芝牛蒡茶。这种茶是我和我丈夫研发出来的，很多内地游客都会问"下火茶"，我就会推介这种给他们。

由于经营了三十多年，久而久之聚集到一群老主顾，（这些老主顾）有时候经过时也会聊聊天，成了老朋友。有些香港老主顾每当过来澳门都会找我，饮上一杯。还有一些经常光顾的街坊，我每天早上大约12点开档，其实在10点已经在康公庙的凉茶铺里开始煲凉茶了，煲好后就开档。一直到晚上十一二点，星期六、日就会再迟一点收档。

现在游客多了，而他们的作息时间也较为晚，加上现在在赌场工作的市民都按三班制上班，所以晚上的人流多了。我们为了照顾这一群客人，而延长了开放时间，原本我父亲经营时早9点开档，晚上7点已经收档。

凉茶一桶桶地卖

现在主要是我和我先生轮替看档，当凉茶差不多卖完时，就会回去再煲茶。收档时就把所有的器皿清洗干净之后再稍做收拾，就可以把车仔推回凉茶铺。

在这里摆档的原因是人流多，而且有水喉可以方便清洗，收档大约半个小时就可以了。

每天的下午3点到4点是凉茶档的高峰期，因为市民游客他们食过饭之后就会出来逛街，逛到喉干舌燥时就会饮上一杯凉茶。此外，周六及周日的客人也会很多。

我在这个位置摆摊，其实各地的游客都会光顾，现在光顾的人大部分都是旅客了。因为如果是本地人的话，他们都会到中药材店，买一包凉茶材料回家，煲一大锅全家分着饮，这样较经济实惠。光顾我们的主要是不方便煮饭的人，如劳工、旅客等。

## 不愿经常加价

其实按收入来算，现在是收入增加了，但如果按售卖数量来算，那还是八九十年代，我父亲售卖时较好。可能因为他经营时价钱不高，吸引了大量的客人，薄利多销。记得我父亲主理时的高峰期，凉茶是一桶桶地卖。现在的赌场有免费饮料，其实是影响了我们的销量。

　　以往过年时父亲（的）客人多到做不完，我们也经常出来帮手。经常是卖光，需要我们常常回去补货。

　　现在原材料的来货价真的很贵，每次采购时价格都会上涨。就以菊花为例，以往的来货价是三十到四十元一斤，现在已经升至七十元。

　　我们在这里经营了那么长时间，对老顾客都有感情，不愿经常加价。加上如果我们经常将材料成本转嫁在顾客身上，他们会觉得饮一次，贵一次，渐渐就会流失，现在我们差不多两年没有加价了。

　　现在铺租贵，人工贵，但我们在街边卖凉茶，这两样东西都与我无关，所以都较易经营。而在康公庙的铺头，我都已经租下来了，租金也尚算可以，可以维持。现在这一档已经足够养活了我夫妻两人，而我的孩子们也都长大了，不用多加费心。

# 澳门土产雪糕

**黄有根** 口述

**蒋美贤** 整理

黄有根，1964年出生，妈阁前地美的雪糕车经营者。

- - - - - - - - - - - - - - - - -

## 为什么叫"美的"？

我曾经好奇地问过父亲，为什么将雪糕车起名"美的"？才知道原来那是当时一种豉油的牌子，说来都已经是七十个寒暑以前的东西了。是老父看到人家挑着铁罐，上面印有"美的豉油"的标志，生意颇兴旺的，于是就想挪用过来，也不管自家卖的是雪糕。

旧社会人们比较迷信，有时候你会觉得不可理喻。也确实很难说清楚的，因缘际遇的东西。

## 雪糕世家

我们家从舅公一代开始就是做雪糕的，说我（们）是雪糕世家也不为过吧？知道舅公是指谁吗？母亲的舅父。说起我舅公，他真是位能人、多面手：会修理屋顶的天线，会做花生糖……雪糕只是其中一样。以前一代人都是这样的，环境愈困乏人愈要懂变通，适者生存。

我爸之前也卖过栗子、水果，还有甘蔗，后来向舅公拜师，跟他学会做雪糕以后，他们舅甥两个就专心做一门生意，卖雪糕。一个推车档口，两个人轮流做：舅公做早上，爸爸做下午和夜晚。

## 第一代木头车

　　那时候推的木头车，我们称它为第一代。现在用的这辆，基本上完全是按照木头车的外形样式来做的，倒模一样，就是质料换上了不锈钢，所以说它是第二代。

　　木头车的车厢上画着一个胖女孩，手上拿着杯雪糕；也许，这就是后来大家为什么都说食雪糕会让人胖、"雪糕食肥人"的由来吧。

　　以前我舅公也好，爸爸也好，都是推着车子到处走。尤其爸爸最常会到康乐馆附近摆档，就是十月初五街，那里从前有泗𠴕街市，康乐馆又会放映电影，人们食饭看戏，来来往往，一片兴旺的景象，可以一直摆到深

澳门土产雪糕

宵都不愁没有生意。推车档很多，卖粥的、做糖果的、（卖）糖水的，什么都有。每逢农历新年时候的生意最好，冬日食雪糕别是一番味道。所以一入冬就要逐样检查，用来做雪糕的机器有哪些旧的、坏的赶紧修理，以确保农历新年时候的产量。

## 从小帮忙父亲做雪糕

我家里八兄弟姊妹，从小就在旁边看着父亲做雪糕。光是看着当然不行，还要帮忙。小孩子能做什么？当跑腿出去买东西啰。食材，还有雪。对，不是冰，是雪。我们骑着单车到沙梨头雪厂那里，直接买回来整一大条的雪。

最初的时候，平常价钱是十块半一条。一条雪有四个骨，劈开就是四条。到酷暑天的价钱则不能这么算。夏天渔船对雪的需求量很大，在电冰箱还未普及的年代，用以冷藏保鲜都得靠冰雪。雪糕做成了，要如何储存保质？都是要装进特制的容器里，内外两层，形成一个中空的夹层，没有冷管的，就按夹层的长度、阔度，还有厚度，裁好一条条的雪放进去，全靠雪本身将容器的温度冷却。

## "炒贵雪"

雪糕桶的结构就是用这原理，是名副其实的"雪柜"。渔获尤其需要冰镇来保鲜。每逢七月是渔民的丰收期，他们会一次性向雪厂大量要货，一百几十条不等，这时期的雪价便被抬高了，所谓"炒贵雪"。

而我们做雪糕生意的，每年总有这些日子是要挨"贵雪"的。大概是三十年前涨价到廿几块，80年代更加高，一条雪要价六十五元，再后来

澳门土产雪糕

呢，就连雪厂都陆续倒闭了。

致命伤自然是和渔业息息相关。自从政府实施对渔船的海域管制，渔获就大减，渔民不能赖以为生，都迫着（被迫）上岸找工作，渐渐渔业在澳门式微了。唇亡齿寒，必然结果是雪厂也经营不下去。现在只剩下批发冰粒的，都已经包装好了，我们买回来拆开，把冰粒倒进去就可以，每天大概需要两包吧。

这样反而是方便了不少。

## 一种口味几种味道

我家做的雪糕，可以说只有一种口味，但里面已经包含了好几种味道：云呢拿*、芋头、椰子等。芋头要刨皮搓融，再加入糖、鹰栗粉，就可以煮成雪糕浆，先放凉再调校其他的味道。椰子（味的制作）是可以从外面买回现成的椰汁。我也是骑着单车，到草堆街的洪馨记，那里的椰子颇出名，挑好了椰子还能请老板即场榨成椰汁。我小时候每次来，就一直在旁边看着老板榨椰子汁，他到现在还认得我呢。

以前做雪糕没有电动机器可用，全是手作。就是把牛奶加入雪糕浆以后，直接用人手来搅动，使材料拌成真正的雪糕。那是功夫活，讲究技巧，所以要学的。

---

\* 广东话中香草口味的说法。——整理者注

## 爷孙三代揽雪糕

我父亲是跟舅公拜师。至于我们兄弟姐妹，是雪糕养大的，从小每天就在看着，耳濡目染下多少懂得一点的。每逢停电的时候，父亲就会叫上我们这些孩子还有祖父，爷孙三代在街边揽雪糕。那时候过的日子，想起还真是挺有趣的。

现在大多数市面出售的雪糕，都是用机械自动制作，批量出产的，很少像我们还保留着传统手作，所以我车上特地写着"澳门土产雪糕"，就是这意思。以前雪糕就是要这样做的。

澳门土产雪糕

# 担挑游走卖牛杂

陈伟明 口述

蒋美贤 整理

陈伟明，1965年出生，红街市牛杂档第二代经营者。

— — — — — — — — — — — — — — — —

## 担挑游走卖牛杂

这个牛杂档，我是第二代经营者。以前我的一位伯父，我们称他为肥老伯的，从50年代开始，就天天背着担挑游走于澳门街上卖牛杂的，他才是这牛杂档的创立者。我小时候听伯父讲述当时的情况是这样的：挑一根担挑，头尾各放一个桶，既放着用来卖的牛杂，也放着火水炉和供客人食牛杂的餐具。到哪处去摆卖，就凭人流而定。说起那阵子的光景，肥老伯总说就像打游击战。

直到1972年，他才在红街市这里开了个推车的档口，不只卖牛杂，还增加了粥让人配着食，就是澳门人熟悉的牛杂粥。

后来伯父年纪大了，1987年吧，就交由我接手经营。当然事前有向伯父拜师学习。

## 看似简单

做这牛杂，看似简单，其实一点都不容易的。从头到尾，要准备的工夫也不少。首先，每天早晨六七点要到屠场牛栏去进货，能买多少不全是自己决定的，还要看当日屠宰的牛的数量，以及有多少人来买。平常一般每天就两副吧。

如何洗干净最难了。光用水去冲洗是不行的，那些黏在里面的脏东西，要用手"搣"、用刀去刮才干净的。然后就是煮，炆得好不好很在于火候，还有调味道。我们煮的粥，粥底味道比一般坊间的要淡一点。这样再加上牛杂就不会味道太浓了。

## 自己生意没那么困身

我每天差不多下午2点就推车出来开档，一直到卖完，大概7点吧，又把东西收拾好，放好车子，一天的时间也就过去了。

这样的生活，转眼也过了廿七年了。之前我有做过饮食，在厨房里工作过的，后来工作没有了，伯父就让我接手这摊档。想来还是做这个好，自己生意嘛，就没那么困身，一般下雨天可以放放假。反正雨天生意也淡，就趁机休息吧。

## 红街市周围景观

周围景观吗？其实我看来没什么太大变化，较为明显的应该是这条街从前是铺碎石的，是澳葡政府的时候，说要突显澳门的特色，就铺上像新马路那种葡式碎石。后来觉得不妥当，毕竟这里是街市，污垢比较多，容易藏在石路缝，不卫生，也不易清洁。于是后来，在2003年时候又改回了水泥路。

还有，以前有工业大厦在对面，工厂工人中午时、下班后都会来这里帮衬。再加上街市，那时候这里（还）算兴旺，卖小食的推车摊档也比现在多。像以前还有一档做车仔面的，大概三年前就无再做了。

担挑游走卖牛杂

附 录

# 口述历史资料

| 受访者 | 出生年份 | 访谈日期 | 受访时年龄 | 访谈地点 | 访谈员 | 协调员 |
|---|---|---|---|---|---|---|
| 李权 | 1947 年 | 2014.11.19 | 67 岁 | 沙梨头海边街 2-6 号<br>工联大厦前<br>权记骨粥 | 廖克健 | 李嘉威<br>阮世豪 |
| 杨绍龙 | 1947 年 | 2014.11.20 | 67 岁 | 草堆横巷<br>杨六牛杂 | 阮世豪 | 蒋美贤 |
| 陈达源 | 1951 年 | 2014.11.22 | 63 岁 | 澳门镰些喇提督市东街<br>红街市达记糖水 | 廖克健 | 阮世豪<br>蒋美贤 |
| 冯道得 | 1952 年 | 2014.11.16 | 62 岁 | 巴素打尔古街与丛庆北街交界荣记美食 | 阮世豪 | 廖克健 |
| 张巨源 | 1953 年 | 2014.11.18 | 61 岁 | 镜湖马路与大缆巷交界<br>永乐鸡丝翅 | 蒋美贤 | 阮世豪 |
| 谭桂珍 | 1956 年 | 2014.11.21 | 58 岁 | 义字街与渡船街交界<br>义字街<br>珍姐糕点 | 廖克健 | 阮世豪<br>蒋美贤 |
| 李汉坤 | 1958 年 | 2014.7.10 | 56 岁 | 营地大街与<br>吉庆巷交界<br>金记烧烤 | 关皓民 | 阮世豪<br>萧洁铭<br>潘凯恩 |
| 区老太<br>区淑仪 | 1922 年<br>1960 年 | 2014.11.20 | 92 岁<br>54 岁 | 草堆街与关前后街交界<br>关前街糖水 | 阮世豪 | 蒋美贤 |
| 梁章权 | 1962 年 | 2014.11.19 | 52 岁 | 沙梨头海边街 2-6 号<br>工联大厦前<br>勤记糖水 | 蒋美贤 | 阮世豪 |

续表

| 受访者 | 出生年份 | 访谈日期 | 受访时年龄 | 访谈地点 | 访谈员 | 协调员 |
|---|---|---|---|---|---|---|
| 周志荣 | 1963 年 | 2014.11.23 | 51 岁 | 公局新市南街与议事亭前地交界<br>清记栗子 | 廖克健 | 阮世豪 |
| 周麦焕金 | 1964 年 | 2014.11.16 | 50 岁 | 平线巷与新马路交界<br>泽记凉茶 | 阮世豪 | 廖克健 |
| 黄有根 | 1964 年 | 2014.11.23 | 50 岁 | 妈阁前地<br>美的雪糕车 | 蒋美贤 | 阮世豪 |
| 陈伟明 | 1965 年 | 2014.11.21 | 49 岁 | 澳门罅些喇提督市东街<br>红街市牛杂档 | 蒋美贤 | 廖克健<br>阮世豪 |